RAQUEL ROLNIK

POLÍTICA URBANA NO BRASIL

CADERNOS
ULTRAMARES

ORGANIZAÇÃO E PROJETO GRÁFICO

Marcos Lacerda, Ana Paula Simonaci e Sergio Cohn

CONSELHO EDITORIAL

André Botelho

Bernardo Esteves

Boaventura de Souza Santos

Evelyn Goyannes Dill Orrico

Fréderic Vanderberghe

José Luis Garcia

Maria João Cantinho

Renato Rezende

Teresa Arijón

Vagner Amaro

ISBN 9786586962703

azougue press |
coordenação geral Sergio Cohn
coordenação editorial
Sergio Cohn — Darien Lamen — Cristián Jiménez Plaza
Brasil | CNPJ 12.272.339/0001-26
Portugal | Oca Editorial NF 515805394
USA | E. Id. 803650511
Chile | Tucán Ediciones RUT 77.369.106-1

A proposta dos Cadernos Ultramares é transpor fronteiras. Não apenas geográficas, com a edição de um amplo panorama do pensamento brasileiro para o público português, mas também entre as áreas do saber, criando uma coleção transdisciplinar, acessível não apenas para leitores especializado, pesquisadores e acadêmicos, como para interessados em geral.

Para isto, os Cadernos Ultramares privilegiam a leveza do ensaio, a "brigada ligeira", utilizando-se de um gênero marcado pela abertura e experimentação, uma forma privilegiada para a proposição e a apresentação de interpretações da cultura e da sociedade. Nos últimos anos, o gênero ensaio tem sido revalorizado como um importante meio de diálogo entre a pesquisa acadêmica e a sociedade.

O Brasil possui uma produção riquíssima de pensamento em diversas áreas, que vão da física à antropologia, da matemática às artes. Os Cadernos Ultramares, ao trazerem importantes textos de alguns dos nossos mais renomados pensadores, sejam clássicos ou contemporâneos, busca possibilitar ao leitor um olhar amplo e qualificado sobre essa produção.

Interessa-nos a constituição de um diálogo entre áreas, de uma conversa aberta que escape das armadilhas do pensamento especializado e do produtivismo acadêmico. Interessa, antes de tudo, a valorização do encontro do leitor com o sabor do texto, do prazer da leitura e da troca livre de pensamento.

apresentação

POR MARCOS LACERDA

Raquel Rolnik (1956) é das mais respeitadas urbanistas brasileiras, com uma atuação que envolve a produção acadêmica e a gestão pública. Entre as suas principais atividades como gestora pública, podemos destacar a direção de planejamento da cidade de São Paulo (1989-1992) e a condição de secretária nacional de Programas urbanos do Ministérios das Cidades (2003-2007), além de ter sido relatora especial do Conselho de Direitos Humanos da ONU para o Direito à Moradia Adequada, por dois mandatos (2008-2011, 2011-2014). Entre a sua produção crítica, podemos realçar os livros *A cidade e a lei* (1997), *A guerra dos lugares: a colonização da terra e da moradia na era das finanças* (2015) e *Territórios em conflito* (2017), além dos volumes sobre São Paulo da coleção Folha Explica (2009), e organização do volume sobre a "Cidade", da coleção ensaios brasileiros contemporâneos, da Funarte (2017).

Para a coleção Ultramares, foram selecionados os seguintes ensaios: "Política urbana no Brasil — esperança em meio ao caos?" (2003), "É possível uma política urbana contra a exclusão?" (2004), "São Paulo, 450 anos"(2004) e "Territórios Negros nas Cidades Brasileiras (etnicidade e cidade em São Paulo e Rio de Janeiro)" (1986).

Nos dois primeiros ensaios, a autora se indaga a respeito das formas de urbanização no futuro, ou em outras palavras, a respeito do futuro das cidades. Em contraponto ao projeto da modernidade, que via na cidade um espaço de relação e encontro possível entre pobres e ricos, ao menos como um objetivo, a paisagem das cidades do pós-Guerra Fria, com a intensificação sem precedentes da globalização dos mercados e a financeirização do Capital, se transformou no lócus principal para a passagem dos fluxos de capital, controlados por diminutas elites econômicas que se organizam em redes transnacionais e, com isso, pressionam gestores públicos e conseguem ter primazia em relação à gestão urbana. Estas redes correspondem à nova lógica das cadeias produtivas do sistema capitalista, elas também espalhadas por todo o território mundial, se sobrepondo assim aos Estados-Nação.

E como este processo se realiza em países periféricos, como o Brasil? Neste caso, o processo de urbanização da sociedade brasileira se situa numa posição liminar. Não realizamos propriamente a modernidade e entramos na "pós-modernidade", ou melhor, na alta modernidade do pós-Guerra Fria, intensificando ainda mais a precarização do trabalho e da infraestrutura urbana em geral, incluindo aqui sobretudo os transportes e a habitação. Neste sentido, a desregulação e a dimensão de informalidade difusa da nossa urbanização se intensificaram ainda mais com a globalização dos mercados e o enfraquecimento do poder do Estado como agente do desenvolvimento. Tudo isso pode ser visto nas alterações da paisagem urbana, com a guetificação das atividades de comércio (através dos shopping centers em contraponto ao comércio de rua); a verticalização das habitações (com o fenômeno dos condomínios fechados em contraponto às favelas e bairros operários) e a fragmentação do espaço público urbano, que perde a condição de lugar para a multiplicidade e heterogeneidade de interações e passa a se restringir à condição de espaço para a circulação de automóveis, em especial.

O quadro se agrava ainda mais com os níveis alarmantes de violência urbana e permanente sensação de vulnerabilidade e risco entre os moradores da cidade, especialmente os mais pobres. A cidade, assim, passa a ser o lugar do perigo permanente de aniquilamento físico e simbólico — especialmente, é bom que se frise, para os trabalhadores que vivem em ambientes precarizados e se deslocam em meios de transporte não menos precarizados — rompendo com qualquer possibilidade de construção de espaços de convivência minimamente civilizada. Uma democratização real da gestão urbana passa, inevitavelmente, por um reordenamento, ou mesmo um enfrentamento, da lógica que privilegia o fluxo e a realização material de elites diminutas que controlam a maior parte do capital global.

O ensaio "São Paulo, 450 anos", é uma ode à cidade mais importante do Brasil, a mais cosmopolita e vibrante, integrada ao gosto do mundo e da modernidade, com sua radical abertura para as experimentações artísticas, para a convivência entre pessoas de todo o mundo, para o pensamento rigoroso, e também, para todos os horrores gerados pela rede perversa do capitalismo global que, em São Paulo, está inserido de um modo singular em relação as outras cidades brasileiras. Para o bem e para o mal. Para todas as justaposições possíveis entre tempos e lugares. Cidade-mundo. Cidade-Global. Cidade-Informacional. Cidade-Fractal. Megametrópole. Megacidade. Como nenhuma outra no Brasil. Como poucas no mundo.

Depois, há um ensaio que traz para a discussão a questão da constituição de espaços étnicos nas cidades brasileiras, em especial São Paulo e Rio de Janeiro, com ênfase na questão dos negros. Em que medida temos também no Brasil uma lógica de guetização tal qual se percebe em relação aos EUA, por exemplo, com separações nítidas entre bairros negros e bairros brancos? A análise tem como ponto de partida o processo que se inaugura com o fim da escravidão e vai se desdobrando até o nosso tempo, mostrando assim uma série de conexões de sentido entre o passado colonial escravocrata e as primeiras décadas do século XX: "do olhar vigilante do senhor na senzala ao pânico do sanitarista em visita ao cortiço" e os processos de urbanização acelerada e inserção nos circuitos do Capital global no século XXI: "do registro esquadrinhador do planejador urbano à violência das viaturas policiais nas vilas e favelas"

POLÍTICA URBANA NO BRASIL

ESPERANÇA EM MEIO AO CAOS?

Qual será a velocidade da cidade do futuro? Da Internet banda larga, que elimina fronteiras, desmaterializando espaços, ou do congestionamento quilométrico que transforma curtas distâncias em tempos imprevisíveis? E o espaço urbano do futuro? Serão ruínas inacabadas cobertas por montanhas de lixo e entulho ou a assepsia superiluminada dos megacentros de compras e lazer? Existirão no futuro ruas? Sobreviverão à fragmentação crescente dos espaços, à negação absoluta de qualquer terreno de ambiguidade ou convivência entre o público e o privado? Deixarão de ser o lar dos automóveis, decoradas especialmcn te com um paisagismo para ser visto através do pára-brisa? Ou serão a casa dos sem-casa, dos sem-lugar, dos fora da ordem mundial?

O início do terceiro milênio nos coloca diante de questões que impõem a necessidade de repensar e renegociar as bases fundamentais da cidade que queremos. Durante a modernidade, a ideia de acesso universal a bens e serviços públicos alimentava uma utopia de cidade aonde pobres e ricos eram considerados cidadãos — pelo menos em tese e como objetivo — frente ao estado. Aliás, era justamente o estado o encarregado pela implementação desta utopia, através de seu aparato legal e — principalmente — através de uma ação direta de disponibilização destes bens e serviços para todos.

Entretanto, a consolidação do capitalismo global do pós-guerra definiu claramente o tom hegemônico contemporâneo. A mobilidade do capital e a emergência de um mercado global criaram uma elite que controla os fluxos do capital financeiro e das informações, atuando predominantemente em redes e clusters, e reduzindo seus vínculos com suas comunidades de origem. A utopia da universalização dos direitos se rompe, gerando uma nova ordem social baseada em uma nova estrutura de castas: de um lado, os incluídos; de outro, os excluídos.[1]

Estas mudanças inserem-se em uma conjuntura econômica internacional marcada por uma série de ajustes frente à intensificação nas velocidades das re-

1 DUPAS, G. *Economia Global e Exclusão Social – Pobreza, Emprego, Estado e o Futuro do Capitalismo*. São Paulo, Paz e Terra, 1999.

lações econômicas globalizadas, com aumento nos fluxos financeiros e o surgimento de novos padrões tecnológicos e organizacionais da produção, dominados pela automação e pela atuação em rede de grupos econômicos transnacionais. A chamada firma-rede, operando através de uma descentralização da produção em cadeias espalhadas por diferentes territórios do planeta, explorando localidades com larga oferta de mão-de-obra barata, organiza-se segundo franquias, sub-contratações e terceirizações. A revolução micro-eletrônica, com o aperfeiçoamento do microcomputador, a utilização maciça da telemática, dos métodos digitais e da automação na produção industrial, nos serviços e na agricultura, constituindo a chamada Terceira Revolução Industrial, fornece a infra-estrutura necessária para as operações empresariais descentralizadas com concentração de ganhos e decisões.[2]

Nesse novo padrão de desenvolvimento, a modernização se dá de forma seletiva, com os investimentos direcionando-se segundo os "requisitos locacionais da acumulação flexível como: melhor oferta de recursos humanos qualificados, maior proximidade com

2 ROLNIK, R. e NAKANO, K. "Cidades e Políticas Urbanas no Brasil: Velhas Questões, Novos Desafios". Em *Brasil no Limiar do Século XXI*, organizado por Henrique Rattner. São Paulo, EDUSP/FAPESP, 2000.

centros de produção de conhecimento e tecnologia, maior e mais eficiente dotação de infra-estrutura econômica, proximidade com os mercados consumidores de mais alta renda". A modernização seletiva atual usufrui as vantagens locacionais produzidas no território durante o período da modernização desigual vigente no "capitalismo dirigido" entre as décadas de 1950 e 1970[3]. Este novo padrão de desenvolvimento, conduzido principalmente pela lógica competitiva do mercado, tem gerado a formação de enclaves de dinamismo próximos a áreas excluídas dos processos de seleção econômica. Ou seja, trechos do território qualificados para receber investimentos distribuídos seletivamente passam a participar das relações econômicas mundializadas e se distanciar socialmente dos territórios de pobreza, estagnadas e isoladas à sua volta, aumentando a desigualdade e os graus de exclusão social e territorial. Essa "seletividade territorial" no direcionamento dos investimentos públicos novamente coloca o Estado como importante ator — na presença e na ausência — no desenho de uma nova geografia urbana.

3 ARAÚJO, T.B. DE. *Brasil: Dinâmica Regional Recente, sustentabilidade e Competitividade das Regiões.* Texto apresentado no seminário URBS OMNIBUS – O Desafio das Cidades: Uma Visão Integrada de Intervenção no Espaço Urbano, organizado pelo BNDES e ANTP, Rio de Janeiro, 12-13 maio 1999, mimeo.

O ESPAÇO DA MODERNIZAÇÃO SELETIVA

Uma nova geografia se arma na paisagem global. Nela, as cidades foram de certa maneira desconectadas dos limites dos Estados nacionais que as continham, e, soltas numa rede perversa estruturada por um capital flutuante, procuram redefinir seu papel. Boa parte da produção contemporânea do urbanismo tem sido mobilizada para criar uma cenografia de tal forma que a cidade se transforme numa espécie de produto à venda num *stand*, fazendo parte de uma megaexposição global de cidades à procura de empresários transnacionais que decidam nela investir.

Sob a égide exclusiva da competitividade e inserção na ordem global, grandes investimentos são feitos, recortando na paisagem fragmentada da cidade os enclaves mundializados. Entretanto estes enclaves não se viabilizam senão como forte investimento em infraestrutura urbana, sobretudo em sistemas de circulação — agora rebatizados de logística — que permitem a conexão entre os nós da rede de espaços incluídos. Nenhuma destas cenografias do capital globalizado foram erigidas sem forte participação do Estado. Diante da impossibilidade do gasto público, o investimento se viabiliza através das chamadas parcerias que mobilizam capitais privados. Aonde estaria então a presença do Estado? Em primeiro lugar, em sua ausência como ente regulador e redistribuidor de oportunidades e renda, que diante da oportunidade de captura de investimentos renuncia a qualquer imposição de padrão redistributivo, abrindo sua guarda para que estes enclaves se desconectem do território solidário do Estado nação. Em segundo lugar, concentrando seu parco poder de intervenção/gestão na viabilização destes enclaves, no mínimo destinando parcela considerável de seu débil aparato de gestão para esta finalidade. Finalmente, diretamente injetando recursos — sobretudo poupança pública — no fianciamento dos empreendimentos, já que o modelo de parcerias viabiliza o financiamento público para o investimento privado, em uma conjuntura de forte restrição ao endividamento político no contexto de políticas macroeconômicas de ajuste fiscal.

ENQUANTO ISTO, NA CIDADE POPULAR

No Brasil urbano do terceiro milenio entretanto a maior parte do território é ocupada pelo vasto campo da pobreza e de uma urbanização incompleta que a utopia da modernidade não atingiu. Hoje, esta situação não está presente apenas nas metrópoles e megacidades do país, mas também nas cidades médias incluídas no circuito do dinamismo econômico e da modernizacao seletiva. No Brasil urbano, além da consolidação das megacidades na rede urbana nacional, salienta-se o acréscimo, entre 1991 e 2000, de 5,3 milhões de pessoas nas cidades médias, com população entre 100 mil e 500 mil habitantes. Essas cidades, que concentravam 19% da população brasileira em 1991, passaram a acolher 20% em 2000 (IBGE 2000).

Este processo foi acompanhado por uma espécie de dissseminação do padrão metropolitano para além do território das metrópoles, um padrão tipico dos territórios metropolitanos — periferias autoconstruídas e precárias erigidas por mercados informais de terra se espalham também por centros regionais e pólos turisticos. Porém não é esta somente a diferenca que marca nossas cidades no novo milênio. O desemprego, acompanhado pelo aprofundamento da precarização das relações de trabalho, agrava a vulnerabilidade do contingente excluído das benesses do capitalismo atual. Para se ter uma ideia, durante os anos entre 1991 e 1997, as metrópoles brasileiras perderam 4% dos seus empregos, registraram uma queda de 28% de trabalhadores com carteira assinada e um aumento de 27% de trabalhadores sem cartei-

4 DUPAS, op. cit.

ra[4]. Segundo esse autor, "este movimento significou, nos últimos seis anos, uma perda de 2,2 milhões de postos de trabalho no setor formal e um ganho de 1,7 milhões de postos no setor informal". Para a década de 2000, o desemprego nacional poderá alcançar taxas ainda maiores que as verificadas nos anos 1990, ultrapassando a casa de 10% da PEA[5].

A explosão da economia informal deve ser analisada no contexto de desagregação da sociedade salarial, na qual o trabalhador tinha acesso a serviços e benefícios, através do "salário indireto", proporcionado pelo emprego formal. Nesse quadro de diminuição da proteção social e perda de direitos adquiridos como férias remuneradas e 13º salário, no qual a aposentadoria e assistência médica ficam a cargo do próprio trabalhador da economia informal, estamos testemunhando um aumento das vulnerabilidades no interior da sociedade brasileira. Estas mudanças tiveram um impacto urbanistico particularmente agudo na questão da mobilidade e acessibilidade — de um lado aprofundando o isolamento dos mais pobres nas periferias e de outro introduzindo um grande componente de informalidade nos servicos de transporte

5 POCHMANN, M. "Emprego e Trabalho no Brasil em Perspectiva". Em *Brasil no Limiar do Século XXI*, organizado por Henrique Rattner. São Paulo, EDUSP/FAPESP, 2000.

publico. A diminuição da massa de empregados — o que incluiu os beneficiários de vale-transporte — aumentou a massa dos excluídos do transporte, ao mesmo tempo em que gerou o fenômeno dos " perueiros" como nova frente de trabalho informal. Assim, a informalidade, irregularidade e clandestinidade, paradigma dominante na produção habitacional há décadas, atingiu tambem o setor de transportes.

Os processos de territorialização da pobreza nortearam a alocação dos contingentes mais pobres nas periferias urbanas, caracterizadas, do ponto de vista urbanístico, por profundas precariedades de circulação e de condições de moradia, por carências em diversos setores dos serviços sociais, culturais e infra-estruturais, e pela insuficiência de formas de sociabilidade e de espaços públicos qualificados que acolham as atividades coletivas, a vida social, as relações de trocas e interlocuções capazes de erigir uma esfera pública efetiva. Marcadas pela concentração de renda, desigualdades sociais e processos de exclusão sócio-territorial, os riscos se ampliam e, por sua vez, vão exacerbando os conflitos, como fica evidenciado principalmente pela violência urbana que coloca a vida da sociedade como um todo sob um grau máximo de vulnerabilidade.

Apesar da urbanização de risco afetar a cidade como um todo, os riscos são distribuídos desigualmente através das classes sociais. Os mais pobres, com menos respaldo em seguridades sociais, recebem os impactos das disfunções, catástrofes e acidentes urbanos em intensidade muito maior do que os mais ricos. Há uma acumulação de vulnerabilidades nos setores mais vulneráveis. Entretanto ao longo principalmente da última década do século XX se acreditou que construindo uma cidade-fortaleza era possível viabilizar uma ilha da qualidade em meio a um mar de vulnerabilidades.

Desta forma, o shopping center exclusivo e protegido condenou o comércio de rua múltiplo e heterogêneo, o condomínio fechado substituiu o bairro. E o espaço público encolheu à monofuncionalidade da circulação. Desta forma se construiu uma paisagem fragmentada entre fortalezas globalizadas e guetos desqualificados. As grades altas e espetadas que incluíram um horizonte prisional em nosso cotidiano são irmãs gêmeas do exílio excludente a que condenamos permanentemente a maior parte dos moradores urbanos. Periferia, conjunto habitacional, favela: é sempre a mesma história de destinar o menos urbano, o mais inacessível e desqualificado dos espaços para evitar a convivência que ameaça valores imobiliários e estabilidade social. Então a cidade se defende dela mesma, imaginando que finalmente possam existir espaços absolutamente imunes à pobreza e isentos de contradições ou utopias de conversão final de todos os habitantes urbanos em clientes e consumidores.

Enquanto isso, a violência só cresce, condenando a cidade a um triste destino de morte lenta, submersa em calamidades minuciosamente construídas ao longo do tempo: enchentes, congestionamentos, riscos. O rio malcheiroso inunda a avenida carregando o carro blindado. A imagem — que é real em períodos chuvosos em várias cidades do país — demonstra a inviabilidade do padrão de exclusão territorial e a violência é apenas seu sinal mais cruel e perverso.

É POSSÍVEL PARAR A MÁQUINA DA EXCLUSÃO TERRITORIAL, RECONSTRUINDO A CIDADE?

A formulação de uma política antiexclusão requer a compreensão global dos fatores que a construíram. No caso da política urbana, a exclusão territorial pode ser desconstruída em três elementos: a estratégia da distribuição dos investimentos, a regulação urbanística e a gestão urbana. E, se a exclusão territorial pode ser construída com esses três elementos, podemos também a partir deles produzir instrumentos para desmontá-la. Uma estratégia de investimentos que privilegia de forma excludente determinada área da cidade, ou determinada funcionalidade (como o transporte individual), influi radicalmente na lógica da distribuição das centralidades — e, portanto, nas oportunidades de emprego, renda e educação — no espaço intra-urbano.

A exclusão territorial é montada por meio da definição de grandes investimentos, que podem ser neste bairro ou naquele, em benefício de poucos ou de muitos, privilegiando os automóveis ou o transporte público, instalando centralidades e as reservando para os empreendimentos das elites ou gerando oportunidades de forma mais distribuída para a maior parte da população. Grandes investimentos urbanos podem promover a redistribuição, abrindo novas frentes de oportunidades econômicas e culturais para poucos ou para muitos — o que depende basicamente das opções estratégicas dos projetos, que podem gerar espaços públicos de apropriação o mais ampla possível ou ilhas protegidas e defendidas para poucos.

O segundo elemento absolutamente central de uma política urbana é a estratégia de regulação. Produzirmos um urbanismo antiexclusão significa, no campo da regulação, abrir a cidade para toda a população em todos os sentidos, estabelecer uma regra de construção da cidade, regras de zoneamento, de parcelamento, que tenham rigorosamente a ver com a maneira pela qual o povo constrói sua moradia e que, portanto, consigam incidir sobre ela. Contrapõe-se, assim, a uma regulação (infelizmente ainda hegemônica) que atinge o todo apenas virtualmente, que não traduz os processos que ocorrem em grande parte da cidade, condenando-a a uma eterna ilegalidade.

A estratégia de exclusão se dá também no âmbito da gestão e dos processos decisórios. O fato de as elites governarem historicamente para si mesmas, ao mesmo tempo abrindo espaços de extralegalidade negociada como resposta à pressão dos mais pobres, mostra que a democratização da gestão urbana não é só uma questão de bandeira política, mas a única possibilidade de inversão desta equação. Abrir o processo de tomada de decisões sobre o investimento e o controle do território urbano é um pressuposto para construirmos uma política urbana que inclua a totalidade dos atores sociais. As instâncias e formas de participação popular no planejamento da cidade são instrumentos que agem nesse sentido, abrindo espaços reais de interlocução, para que os setores populares possam efetivamente interferir na construção de um projeto de cidade. Nesse ponto é fundamental e insubstituível a participação popular organizada, produzindo uma interface real — e não simulada — com o poder público. Os planos urbanísticos, os projetos urbanos e a regulação precisam ser congruentes com a gestão da cidade, não se pode inventar um plano, um projeto de cidade cheia de qualidades, absolutamente descolado da capacidade de organização e possibilidades reais de implementação e controle dessa política.

Esses três elementos — a estratégia de investimentos, a regulação urbanística e a gestão urbana — evidentemente só se apresentam isoladamente em uma análise. Na prática, eles aparecem combinados e complexamente articulados entre si e com os outros setores da gestão pública. Dessa forma, é fundamental a existência de uma política global que leve em conta a missão improrrogável que se apresenta: a reconstrução local da noção de esfera pública, aquilo que dá identidade e sentido à cidade e à sociedade.

Nesse contexto, o urbanismo tem um papel específico e profundamente estratégico. Sua capacidade de gerar símbolos e imagens futuros, atribuindo materialidade a alguns dos aspectos de um projeto de construção dessa esfera pública, pode ser extremamente eficaz. Os processos de planejamento ou a definição de projetos e políticas urbanas, denominem-se planos diretores ou planos estratégicos, não são inocentes. Podem servir apenas e tão-somente para legitimar práticas concentradoras e excludentes, podem ser capturados pela lógica da acumulação ou, modestamente, nos estreitos limites da poderosa atuação urbanística, podem ousar o desejo de intervir sobre esta lógica e de abrir espaços de redistribuição de renda e poder, abrindo esperanças em meio ao caos.

é POSSÍVEL uma POLÍTICA urBana CONTRa a exclusão?

A compreensão do funcionamento de nossas cidades de forma global, a despeito de sua complexidade, é pressuposto para que uma política urbana possa dar respostas de real incidência sobre nossas conhecidas injustiças. Parte importante do funcionamento das cidades é a própria política urbana, que no Brasil — como quase tudo — foi intensamente utilizada como instrumento de exclusão e perpetuação de privilégios e desigualdades. Apresento aqui de forma resumida a relação entre a estrutura profundamente excludente da cidade brasileira com a política urbana que associa-se a essa cidade. Prosseguindo, posiciono-me quanto às diretrizes de uma política urbana a ser proposta pelo PT, que deve incidir sobre todo o sistema no sentido de intervir em sua lógica.

Uma característica comum a todas as cidades brasileiras, independentemente de sua região, história, economia ou tamanho, é o fato de cada uma delas apresentar um contraste muito claro entre uma parte da cidade que possui alguma condição de urbanidade, uma porção pavimentada, ajardinada, arborizada, com infra-estrutura completa — independentemente da qualidade desses elementos, que em geral é pouca — e outra parte, normalmente de duas a três vezes maior do que a primeira, cuja infra-estrutura é incompleta, o urbanismo inexistente, que aproxima-se muito mais da ideia de um acampamento do que propriamente de uma cidade.

Essa estrutura apresenta-se no território sob várias morfologias: nas imensas diferenças entre as áreas centrais e as periféricas das regiões metropolitanas de São Paulo ou Belo Horizonte; na ocupação precária do mangue em contraposição à alta qualidade dos bairros da orla, em muitas cidades de beira mar; na eterna linha divisória entre o morro e o asfalto no Rio, e em muitas outras variantes dessa cisão das nossas cidades, que se repete permanentemente em nossa história e geografia urbana.

O quadro de contraposição entre uma minoria qualificada e uma maioria com condições urbanísticas precárias relaciona-se a todas as formas de desigualdade, correspondendo a uma situação de exclusão territorial. Essa situação de exclusão é muito mais do que a expressão da desigualdade de renda e das desigualdades sociais: ela é agente de reprodução dessa desigualdade. Em uma cidade dividida entre a porção legal, rica e com infra-estrutura e a ilegal, pobre e precária, a população que está em situação desfavorável acaba tendo muito pouco acesso a oportunidades de trabalho, cultura ou lazer. Simetricamente, as oportunidades de crescimento circulam nos meios daqueles que já vivem melhor, pois a sobreposição das diversas dimensões da exclusão incidindo sobre a mesma população fazem com que a permeabilidade entre as duas partes seja muito pequena.

Esse mecanismo é um dos fatores que acabam por estender a cidade indefinidamente: ela nunca pode crescer para dentro, aproveitando locais que podem ser adensados. É impossível para a maior parte das pessoas o pagamento, de uma vez só, pelo acesso a toda a infraestrutura que já está instalada. Em geral, a população de baixa renda só tem a possibilidade de ocupar terras periféricas — muito mais baratas porque em geral não têm qualquer infraestrutura — e construir aos poucos suas casas. Ou ocupar áreas ambientalmente frágeis, áreas que teoricamente não poderiam ser urbanizadas.

Esses processos geram efeitos nefastos para as cidades, alimentando a cadeia do que eu chamo de um urbanismo de risco, que atinge as cidades como um todo. Ao concentrar todas as oportunidades em um fragmento da cidade, e estender a ocupação a periferias precárias e cada vez mais distantes, esse urbanismo de risco vai acabar gerando a necessidade de levar multidões para esse lugar para trabalhar, e devolvê-las a seus bairros no fim do dia, gerando assim uma necessidade de circulação imensa, o que nas grandes cidades tem gerado o caos nos sistemas de circulação. E quando a ocupação das áreas frágeis ou estratégicas do ponto de vista ambiental provoca as enchentes ou a erosão, é evidente que quem vai sofrer mais é o habitante desses locais, mas as enchentes, a contaminação dos mananciais, os processos erosivos mais dramáticos atingem a cidade como um todo.

Além disso, a pequena parte melhor infra-estruturada e qualificada da cidade acaba sendo um objeto de disputa, de cobiças imobiliárias, o que acaba também gerando uma deterioração dessas partes da cidade. A escassez de áreas de maior qualidade leva às alturas os preços de terra dessas áreas, mas os preços de terras periféricas sobem também, pois coloca-se em curso um motor de especulação imobiliária que não existiria com essa força se a qualidade urbana fosse mais distribuída pela cidade. E, logicamente, quanto maior o preço da terra, menor a capacidade de o poder público intervir como agente no mercado.

Em uma pesquisa de cuja execução participei[1], identificou-se claramente que, no Estado de São Paulo, os locais onde se instalou a grande indústria — inicialmente a Região Metropolitana, depois as regiões de Campinas, São José dos Campos, Vale do Paraíba — agravou-se também a exclusão territorial. Este é um elemento muito importante para problematizarmos, pois relaciona duas discussões: a do desenvolvimento econômico e a da política urbana. Na discussão em torno do desenvolvimento econômico insere-se questão da atração de empregos, a questão das práticas dos poderes locais para atração de indústrias (doando terreno, financiando o empreendimento, dando infra-estrutura, isenções fiscais...), o que, em vez de aumentar a qualidade de vida da população, pode estar reproduzindo a precariedade urbanística e social.

Dessa pesquisa derivou também um trabalho que indica que há uma relação muito estreita entre a exclusão territorial e a violência urbana[2]. Os municípios que apresentam as piores condições de exclusão terri-

---

1 *Impacto da aplicação de novos instrumentos urbanísticos em cidades do Estado de São Paulo.* Campinas: FAPESP/PUC-Campinas/ Lincoln Institute of Land Policy, 1998.
2 "Exclusão territorial e violência" in *São Paulo em perspectiva* vol. 13 no 2. São Paulo: SEADE, 1999.

torial — e não os mais pobres — são aqueles onde há maior violência. Ou seja, a violência está muito mais associada à exclusão do que à pobreza propriamente dita.

Em minha trajetória política e profissional, trabalhei em torno dessa ideia, ajudei a construí-la, e faço hoje uma leitura da prática das administrações comprometidas com a ideia da inversão de prioridades. A partir da pauta inicial, a equação foi ficando mais difícil, pois as administrações foram percebendo as complexas articulações entre o centro e a periferia. A precariedade dos assentamentos populares, em todos os sentidos, não é uma questão que se encerra neles, mas tem a ver com o modo de funcionamento da cidade como um todo.

Portanto, ao tratarmos essa questão é preciso pensarmos a cidade globalmente, e não apenas aquilo que é prioritário — os locais mais desestruturados e menos equipados da cidade.

Dificilmente uma política que pensa só no investimento direto na periferia, no mangue, na favela vai conseguir incidir sobre essa máquina de produção de exclusão territorial. Quando urbanizamos uma favela, atendemos uma população em situação precária, estendemos infraestrutura à periferia, percebemos que dois anos depois a demanda já está mais adiante, e precisamos então atender aquela outra demanda, depois está mais adiante ainda. O que precisamos fazer é construir uma política urbana que consiga parar a máquina de produção da exclusão territorial.

É evidente que os limites da política urbana nesse sentido são muito presentes. Não se pode dizer que a máquina da exclusão territorial pode ser parada por meio da implementação de uma política urbana adequada. Mas é importante também percebermos de que maneiras a política urbana, ao longo da história, acabou azeitando a máquina, fazendo-a andar com mais potência — e nesses pontos devemos agir, revertendo essa lógica. Na história da cidade de São Paulo, por exemplo, o que provoca a produção da exclusão territorial não é a falta de um plano, não é a falta de uma política urbana, mas entre outros fatores a presença de planos, políticas, estratégias de ocupação, normas de uso e controle do solo que excluem, que são feitas não para generalizar a qualidade de vida e o bem estar, mas para manter os poucos espaços de boa qualidade — que portanto valem mais — na mão de poucos, impedindo que esses espaços sejam compartilhados. Ressalto que a ideia do espaço compartilhado tem mais de uma dimensão: a imediata, referente à possibilidade de todos poderem morar em um lugar agradável, com infra-estrutura, com equipamentos, com serviços; e a dimensão de as pessoas usarem esse lugar, se apropriarem dele, o que não necessariamente significa morar lá. Essas duas dimensões são importantes e sobre elas seria fundamental ter uma política muito clara. Quando se estrutura uma política anti-exclusão — e esse tem que ser o perfil da política do PT — é imprescindível a compreensão global dos fatores que construíram a exclusão, alicerçando a intervenção nessa lógica. No caso da política urbana, a exclusão territorial pode ser desconstruída em três elementos: a estratégia da distribuição dos investimentos, a regulação urbanística e a gestão urbana. E se a exclusão territorial pode ser construída com esses três elementos, podemos também a partir deles produzir instrumentos para desmontá-la.

Uma estratégia de investimentos que privilegia de forma excludente uma determinada área da cidade, ou uma determinada funcionalidade (como o transporte individual), influi radicalmente na lógica da distribuição das centralidades — e portanto oportunidades de emprego, renda e educação — no espaço intra-urbano. Novamente evocando o caso de São Paulo, percebemos claramente que os investimentos se concentraram nas regiões Centro e Sudoeste. Para reverter essa lógica, é necessário termos centralidades fortes fora dessa região, onde vive a maior parte da população. E centralidades fortes exigem grandes projetos urbanos, grandes operações — não se constróem a partir de milhares de micro-investimentos pulverizados. Isso significa que a luta anti-exclusão territorial se dá também no campo desses grandes investimentos urbanos. A exclusão territorial é montada por meio da definição de grandes investimentos, que podem ser neste bairro ou naquele, em benefício de poucos ou de muitos, privilegiando os automóveis ou o transporte público, instalando centralidades junto aos espaços das elites ou criando uma mais próxima aos bairros onde vive a maior parte da população.

Entretanto, uma impressão muito presente no PT é a de que as grandes obras têm a ver com as grandes negociatas, com as grandes jogadas de acumulação de capital, com as grandes frentes de abertura para a especulação imobiliária, e que portanto a pauta do partido se situaria muito mais em um outro pólo, no pólo das pequenas intervenções, daquelas que estão muito mais ligadas ao território de vida das classes populares na cidade. Assumo a posição de que devemos também disputar no campo das grandes obras, da construção de centralidades. Elas podem promover a redistribuição, se conseguirmos captar mais-valias imobiliárias nas áreas de grande investimento para poder financiar projetos de interesse das camadas mais pobres. Elas podem também abrir novas frentes de oportunidades econômicas e culturais para poucos ou para muitos — o que depende basicamente das opções estratégicas dos projetos, que podem gerar espaços públicos de apropriação o mais ampla possível ou guetos fragmentados, ilhas protegidas e defendidas.

O segundo elemento absolutamente central de uma política urbana é a estratégia de regulação. Produzirmos um urbanismo anti-exclusão significa, no campo da regulação, abrir a cidade para toda a população em todos os sentidos, estabelecer uma regra de construção da cidade, regras de zoneamento, de parcelamento, que tenham rigorosamente a ver com a maneira pela qual o povo constrói sua moradia e que portanto consigam incidir sobre ela. Contrapõe-se assim a uma regulação (infelizmente ainda hegemônica) que atinge o todo apenas virtualmente, que não traduz os processos que ocorrem em grande parte da cidade, condenando-a a uma eterna ilegalidade. Se nos assentamentos populares a base é duas ou três famílias por lote, porque a base no Zoneamento e na Lei de Uso e Ocupação do Solo é unifamiliar? Por que não o lote multifamiliar? Portanto, é fundamental a discussão do conteúdo da regulação urbanística. De nada servem leis que cartografam apenas os mercados de classe média e alta. Se a regra majoritária da cidade é a autoconstrução progressiva e o uso intenso horizontal do lote, é sobre essa lógica — e abrindo espaço para ela, por exemplo, por meio de ZEIS — que se deve construir uma estratégia de regulação. São os mais pobres (e não os mais ricos) que necessitam de privilégios nos mercados imobiliários.

O terceiro elemento é a gestão urbana. No nível da gestão, a cidade irregular é tolerada, é até disseminada. Do ponto de vista político é até desejável que isso ocorra: à medida que toda a expansão da cidade de menor renda se dá de uma forma ilegal, irregular, isso torna essa população muito mais vulnerável a barganhas eleitorais, clientelistas e fisiológicas, pois assim ocorre a troca da chegada de infra-estrutura aos bairros por votos para este ou aquele candidato. É claro que, quanto mais se perpetuar a precariedade, maiores as oportunidades de realização dessa barganha por parte dos políticos. Ou seja: a estratégia de exclusão se dá também no nível da gestão e dos processos decisórios. O fato de as elites governarem historicamente para si mesmas, ao mesmo tempo abrindo espaços de extralegalidade negociada como resposta à pressão dos mais pobres, mostra que a democratização da gestão urbana não é só uma questão de bandeira política, mas a única possibilidade de invertermos essa situação. Abrir o processo de tomada de decisões sobre o investimento e controle do território urbano é um pressuposto para construirmos uma política urbana que inclua a totalidade dos atores sociais. Os conselhos de desenvolvimento e política urbana, as instâncias de participação popular no conjunto dos processos, são instrumentos que agem nesse sentido, abrindo espaços reais de interlocução, para que os setores populares possam efetivamente interferir na construção de um projeto de cidade. Nesse ponto é fundamental e insubstituível a participação popular organizada, produzindo uma interface real — e não simulada — com o poder público. Os planos urbanísticos, os projetos urbanos e a regulação precisam ser congruentes com a gestão da cidade, não se pode inventar um plano, um projeto de cidade cheia de qualidades, absolutamente descolado da capacidade de organização e possibilidades reais de implementação e controle dessa política.

Esses três elementos — a estratégia de investimentos, a regulação urbanística e a gestão urbana — evidentemente só apresentam-se isoladamente em uma análise. Na prática, eles aparecem combinados e complexamente articulados entre si e com os outros setores da gestão pública. Dessa forma, é fundamental a existência de uma política global que leve em conta a missão improrrogável que se apresenta: a reconstrução local da noção de esfera pública, aquilo que dá identidade e sentido à cidade e à sociedade.

Nesse contexto, o urbanismo tem seu papel específico e profundamente estratégico. Sua capacidade de gerar símbolos e imagens futuros, atribuindo materialidade a alguns dos aspectos de um projeto de construção dessa esfera pública, pode ser extremamente eficaz. Os processos de planejamento ou a definição de projetos e políticas urbanas, denominem-se planos diretores ou planos estratégicos, não são inocentes. Podem servir apenas e tão somente para legitimar práticas concentradoras e excludentes, podem ser capturadas pela lógica da acumulação ou, modestamente, nos estreitos limites da poderosa atuação urbanística, podem ousar o desejo de intervir sobre esta lógica e de abrir espaços de redistribuição de renda e poder.

São Paulo, 450 anos

Madrugada, janeiro, verão de 2003. Um carro sai do estacionamento no subsolo de um prédio e, enquanto espera o sistema eletrônico acionar grades e portões, seu proprietário olha para cima e vê ainda alguns andares iluminados pela luz dos computadores. Na calçada, duas pessoas estão remexendo o lixo à procura de latas, comida e papelão. O carro acelera rapidamente, temendo a aproximação de um adolescente, cabelo pixaim quase branco, que caminha em sua direção.

Percorrendo as ruas estreitas do bairro, o carro é detido pela enorme fila de táxis e pelo movimento dos manobristas na saída de uma casa noturna. Mulheres loiras com vestidos brilhantes justíssimos e saltos agulha se misturam por um átimo aos homens e mulheres vestidos de jeans/camiseta e carregando sacolas de plástico que acabam de desembarcar do ônibus.

Finalmente o carro atinge a avenida. Surpresa: congestionamento às seis e meia da manhã? No rádio, o repórter no helicóptero avisa: caminhão tombado em tal lugar, árvores caídas e pontos de alagamento que sobraram da tempestade do dia anterior; evitar rua tal, caminho tal. Da janela do seu carro parado, observa homens e mulheres vestidos com roupas esportivas, correndo ou caminhando rapidamente pelo canteiro central. Naquele instante, parecem estar envoltos por uma utopia de saúde, longevidade e beleza, uma espécie de paisagem subjetiva que os desconecta do cenário real.

São sete e meia da manhã quando o carro entra finalmente na estrada que o levará ao condomínio onde mora. Do outro lado da pista, a fila de caminhões e carros entrando na cidade é imensa e os vendedores de água, suco, eletrônicos e bonecos gigantes de plástico já instalaram seu drive-in comercial.

Quilômetro 30 — o carro para no estacionamento de uma das mega lojas da estrada e, atravessando corredores, chega à padaria em estilo country. Entre cestinhas decoradas com renda e flores do campo, ele escolhe baguettes e croissants. E lembra-se por um segundo de sua avó materna, nascida em casa de chão batido no meio do sertão, e da avó de sua mulher, que nunca esqueceu o porão do navio que a arrancou, menina, da aldeia à beira mar do Japão.

Oito e meia, passa pelos controles da guarita, guarda o carro no estacionamento de casa. Ao lado de sua xícara de café na mesa já posta, a pilha de contas para pagar: luz, água, lixo, telefone, internet, celular, bip, escola, escola de inglês, academia, natação, prestação do carro, IPVA, seguro.... Na TV, já ligada pela empregada na cozinha, vê a mesa arrumada do café da manhã e a família que acorda feliz por poder passar no pão aquela maravilhosa margarina.

Enquanto limpa o barro do sapato, a empregada faz as contas de quanto vai precisar para comprar a laje para cobrir o cômodo que acabou de levantar no Jardim Progresso. Fica ali perto, do outro lado da pista e apenas a quinze minutos de caminhada até o ponto por onde passa o perueiro que a conduz ao condomínio.

Suburbia, Sprawling City, Metrópole Policêntrica, Megametrópole, Megalópole, Megacidade, Edge City, Cidade Dispersa, Cidade Global, Cidade Mundial, Cidade Região, Cidade Mundo, Cidade Informacional, Cidade Fluxo, Rede de Cidades, Cidade Mosaico, Cidade Caleidoscópica, Cidade Fractal, Cidade Fragmentada, Cidade Neobarroca, Cidade Neogótica, Cidade Tela, Cidade Partida, Cidade Fechada, Cidade Fortaleza, Cidade Sitiada, Cidade Vertical, Cidade Pós-Moderna, Cidade Mutante, Generic City, Cidade Congestão, Cidade Estado. Dentre as expressões forjadas nas teorias do urbanismo contemporâneas, nas letras da música popular, nas histórias em quadrinhos, nos filmes, instalações artísticas, poemas, novelas e romances para designar o fenômeno urbano na virada do milênio, qual se aplicaria melhor a São Paulo dos 450 anos?

Todas. A cidade de São Paulo hoje se identifica com todas as definições e rótulos de cidades, genuinamente brasileiras ou importadas, presentes nos discursos de urbanistas, artistas, políticos, pesquisadores, comunicadores etc. São Paulo contém as características quantitativas e qualitativas dessas definições.

São Paulo é megacidade que possui partes participando das relações econômicas globalizadas, desempenhando funções de produção e serviços internacionais, fazendo a conexão com a vasta rede de cidades e regiões conectadas à economia global. São Paulo é uma megametrópole dispersa, que possui fragmentos de cidades mundiais e globais, localizados principalmente em seu vetor centro-sudoeste. Fazem parte de uma rede urbana planetária atravessada por fluxos informacionais do mercado financeiro e da rede mundializada de serviços e distribuição de mercadorias.

São Paulo é também feita de edge-cities, cidades limítrofes, que libertadas do peso de pertencer à cidade, imaginam um mundo urbano feito de unidades autônomas, homogêneas e autosuficientes. A pioneira Alphaville, nos anos 1970, inaugurava, em plena era metropolitana, a utopia da cidade dispersa. Hoje padece exatamente dos mesmos males — trânsito, poluição, violência — da cidade que pretendia escapar.

Por outro lado, vastas extensões do território paulistano são parcamente conectadas a estas mesmas redes: são locais por onde não cruzam as infovias, a velocidade da internet e a multiplicidade da TV a cabo. São Paulo portanto não é uma, mas pelo menos duas: é cidade partida entre incluídos e excluídos, conectados e soltos, marcada em sua própria estrutura básica de funcionamento pela apartação sócio-territorial.

Critério utilizado pela ONU, a marca de 10 milhões de habitantes serve para definir o "clube" das megacidades do planeta, duas delas no Brasil: Grande São Paulo e Grande Rio, limitando-se à dimensão meramente quantitativa. Contudo, a dimensão "mega" de São Paulo produz determinadas qualidades na relação entre a população e os territórios da cidade. Por ser megacidade partida e excludente, com benesses concentradas e precariedades largamente distribuídas, São Paulo impõe uma "ditadura do movimento" no cotidiano da população que utiliza ou frui a cidade a partir de um ir e vir constante de carros, ônibus, metrôs, vans, trens, pés, carroças. Estar em São Paulo é estar sempre indo ou voltando para/de algum lugar.

Essa leitura urbana em movimento, que fazemos todos os dias quase sem nos darmos conta, faz de São Paulo a cidade tela apreendida rapidamente em sua superfície. Paisagem superficial horizontal e vertical onde se acumulam imagens e arquiteturas ligadas a um mundo descomunal de artefatos e elementos desgastados da natureza, que desenham a neobarroca São Paulo da acumulação material, da encenação do poder e da subordinação.

Os padrões urbanísticos que se configuraram a partir da potente máquina de exclusão territorial definiram uma cidade dualizada expressa na imagem centro/periferia. Jardim Paulista e Jardim Ângela, Cidade Jardim e Cidade Tiradentes, Higienópolis e Paraisópolis — só quem conhece a cidade consegue entender como nomes tão parecidos podem designar territórios tão diferentes. Os padrões de territorialização da exclusão/inclusão social aparecem também em São Paulo nas escalas menores dos fragmentos urbanos que fazem da cidade um mosaico cujas pequenas partes possuem diferenças marcantes no acesso à qualidade e quantidade de empregos, serviços e equipamentos. O aumento vertiginoso das favelas, dos condomínios fechados, shopping centers e centros empresariais ao longo das décadas de 1980 e 1990 revela essa fragmentação sócioterritorial da cidade, que compartimentaliza os espaços promovendo uma vida urbana confinada em geografias controladas, protegidas ou vulneráveis, de alta e baixa renda.

Na megacidade partida e fragmentada, as populações de menor renda e nível educacional são as que sofrem os impactos mais devastadores do confinamento. A análise dos dados gerais sobre as viagens realizadas na região metropolitana contidos na última Pesquisa Origem-Destino do Metrô, de 1997, revela uma queda geral da mobilidade, mais acentuada na periferia do que no centro expandido. Isto significa que a maior parte da população moradora em favelas, conjuntos e bairros precários tem seu cotidiano restrito ao próprio bairro e vizinhanças.

No limite, trata-se da dissolução da São Paulo de fronteiras abertas, que abria a possibilidade concreta do desenvolvimento humano individual e coletivo, através da intensidade das trocas e interações sociais. As fronteiras internas, que agora assumiram a materialidade física dos muros, grades e guaritas sitiaram a cidade e confinaram os cidadãos para uma vida apenas entre familiares e iguais, impedindo maior contato entre diferentes. A cidade fractal é assim uma anticidade, que se debate para estabelecer bases de novos padrões de urbanidade, fundados na negação da heterogeneidade que paradoxalmente é a verdadeira fonte de potência da cidade.

No contexto da São Paulo cidade mosaico emerge também uma São Paulo virtual no interior dos condomínios residenciais, dos apartamentos e favelas, dos shopping centers e dos centros empresariais: é o corpo fantasmático de uma cidade enquadrada nas inúmeras telas de TV, presentes nas mansões e nos barracos por onde circulam fluxos de imagens da própria cidade envoltas pelas notícias dos telejornais, geralmente espetáculos trágicos, ou pelos melodramas da telenovelas. A São Paulo fantasmática aparece ameaçadora nas telas dos circuitos fechados da vigilância privada, utilizados para controlar os acessos de indesejados e evitar possíveis roubos e ataques do exterior, fazendo de cada fragmento urbano uma fortaleza, sitiada pela violência objetiva e subjetiva.

Tais designações projetadas sobre São Paulo não tocam no dilema essencial de seu destino. Sua história tem a marca permanente das decisões de política urbana tomadas em momentos cruciais, que contaram com mais ou menos participação, apoio e mobilização de seus moradores.

Desde a oligarquia que administrou a cidade à sua imagem e semelhança até o pacto territorial que incluiu as massas urbanas no poder, excluindo-as de uma condição de cidadania plena, não há "problema" urbano ou marca urbanística na cidade que não esteja intimamente associado a um modo de governá-la.

Cidades não são como teatros de palco italiano, aonde autores vão definindo enredos, diretores vão escolhendo atores para representá-los e cenógrafos vão desenhando ambientes sucessivos, a gosto das plateias. Na cidade, não há enredo ou cenário que independa da ação individual e coletiva de todos que a habitam. Por isto, querendo ou não, o destino de São Paulo está nas mãos de seus moradores: a sujeira e o abandono das ruas é responsabilidade comum, o clientelismo e a corrupção definem tanto a cidade quanto os projetos de sistemas de saneamento e circulação. Com 450 anos de vida, quase parando de crescer e envelhecendo rapidamente, São Paulo chega a uma espécie de idade adulta. A destruição final — ou a reconstrução, em novas bases — de sua geografia sócio-ambiental permanece, entretanto, uma possibilidade em aberto.

Territórios Negros nas Cidades

(ETNICIDADE E CIDADE EM SÃO PAULO E RIO DE JANEIRO)

É comum, nas referências que são feitas à posição dos pretos e pardos nas cidades brasileiras, a menção à inexistência de guetos — bairros onde são confinadas certas minorias, por imposições econômicas e/ou raciais — como sinal de ausência de qualquer tipo de segregação racial. O gueto norte-americano sintetiza a imagem de discriminação racial aberta e da dominação branca. No pólo oposto estaria o Brasil, onde pretos e brancos pobres compartilham o espaço das vilas e favelas, numa espécie de promiscuidade racial sustentada pelo laço comum da miséria e da opressão econômica.

Essa suposição nos motiva a querer percorrer favelas e vilas para tentar mapear a inserção territorial dos pretos e pardos nas cidades, seja localizando esse grupo mais precisamente no tecido urbano, seja penetrando em seus espaços cotidianos de vida e socialização.

Infelizmente, por ora podemos contar com muito pouco material empírico para tal pretensão. Na verdade, o tema empírico do negro nas cidades até agora foi pouco explorado nos textos brasileiros da sociologia do negro ou da sociologia urbana. Os mais importantes trabalhos na área da sociologia do negro não discutem especificamente a questão urbana, e muito menos de um ponto de vista físico-territorial. Por outro lado, a sociologia urbana tem trabalhado a questão da inserção das classes populares na cidade brasileira sem recortá-las do ponto de vista étnico. Os poucos trabalhos que se referem ao tema, produzidos em geral no âmbito da antropologia, trazem descrições e análises apenas de instituições negras específicas, como terreiros religiosos ou escolas de samba. Assim, embora de forma ainda preliminar e fragmentária, procuraremos aqui percorrer os espaços negros nas cidades de São Paulo e Rio de Janeiro, buscando suas origens e ligações, a partir do final da escravidão, e atentando para sua particular inscrição na cidade ao longo do tempo.

Nossa intenção, ao delinear grosseiramente esse quadro, é demonstrar que existe um território negro específico nessas cidades, território que tem uma história, uma tradição. Embora tal quadro careça ainda de um trabalho empírico mais profundo e detalhado para se consolidar, é perfeitamente plausível falar-se em segregação racial, discriminação e dominação branca nessas sociedades: a história do Rio e de São Paulo é marcada pela marginalização e estigmatização do território negro.

É também nossa intenção, aqui, apresentar e discutir o próprio conceito de território urbano, espaço vivido, obra coletiva construída peça a peça por um certo grupo social. Assim, ao falarmos de territórios negros, estamos contando não apenas uma história de exclusão, mas também de construção de singularidade e elaboração de um repertório comum.

Nas cidades brasileiras em plena escravidão (e mesmo em seus últimos anos, a partir de meados do século XIX), o negro ou era escravo, ou liberto, ou quilombola. Se escravo, seu espaço era definido pela senzala e pelas regras de hierarquia que introduziam a diferença social em um contexto urbano pouco segregado. A maior parte desses escravos era encarregada do serviço doméstico e habitava as casas senhoriais, em sobrados contíguos nos centros das cidades. Nestes, as regiões de serviço, animais e escravos localizavam-se fora do edifício principal, junto a um pátio. Em São Paulo, como no Rio de Janeiro, senhores de escravos habitavam também em chácaras nos arredores da cidade, que reeditavam o projeto da senzala rural.

É importante salientar que mesmo a senzala, desenhada pelos senhores brancos como espaço de confinamento dos escravos — fileiras de quartos sem janelas ou mobília fechando-se em pátios de onde se podia vigiá-los e comandá-los —, acabou por se configurar como território negro. Para os negros desterritorializados da África e trazidos ao Brasil pela máquina comercial europeia, a senzala representava a submissão à brutalidade dos senhores. Porém, não eram só o olhar vigilante do senhor e a violência do trabalho escravo que estruturavam o cotidiano dos habitantes da senzala. Foi também no interior dessa arquitetura totalitária que floresceu e se desenvolveu um devir negro, afirmação da vontade de solidariedade e autopreservação que fundamentava a existência de uma comunidade africana em terras brasileiras. O confinamento na terra de exílio foi capaz de transformar um grupo — cujo único laço era a ancestralidade africana — em comunidade.

Um dos suportes mais sólidos desse repertório negro foi, desde a senzala, o próprio corpo, espaço de existência, continente e limite do escravo. Arrancado do lugar de origem e despossuído de qualquer bem ou artefato, era o escravo portador — nem mesmo proprietário — apenas de seu corpo. Era através dele que, na senzala, o escravo afirmava e celebrava sua ligação comunitária; foi através dele, também, que a memória coletiva pode ser transmitida, ritualizada. Foi assim que o pátio da senzala, símbolo de segregação e controle, transformou-se em terreiro, lugar de celebração das formas de ligação da comunidade. A partir daí, o terreiro passou a ser um elemento espacial fundamental na configuração dos territórios negros urbanos — são terreiros de samba, de candomblé, de jongo que atravessam a história dos espaços afro-brasileiros nas cidades.

A rua era também território dos escravos. A contiguidade dos sobrados nas zonas centrais da cidade contribuía para que fosse intensa a circulação de escravos domésticos: buscando água nos chafarizes, indo ou voltando com a roupa ou os dejetos para jogar nos rios, carregando cestas perto dos mercados, transportando objetos de um ponto a outro da cidade. Em 1854, a população de São Paulo, em torno de 30 mil habitantes, era composta por oito mil escravos, quase 1/3 de sua população livre[1]. Na cidade do Rio de Janeiro, em 1860, havia cem mil escravos para uma população total de 250 mil habitantes, 60% dos

1 Em 1854, São Paulo tinha 31.824 habitantes, dos quais 22.834 eram livres e 8.068 escravos. Constavam ainda 922 estrangeiros. Cf. Roger Bastide e Florestan Fernandes, *Brancos e negros em São Paulo*, São Paulo, Cia. Editora Nacional, 1975 (os dados não incluem as vilas de periferia, como Nossa Senhora do Ó, Pinheiros ou Penha).

quais envolvidos com o serviço doméstico[2]. Nas ruas do Centro, escravos domésticos misturavam-se aos de ganho, alugados por seus senhores por hora ou dia. Ser escravo de ganho era um dos caminhos possíveis para a conquista da liberdade, na medida em que possibilitava a compra da alforria através da formação de um pecúlio próprio. Somam-se a estes os libertos pelas várias vias institucionais, brechas na legislação que regulava a escravidão que aumentavam à medida que findava o século e intensificava-se a ação abolicionista. O contingente de libertos nas cidades chegou a proporções surpreendentes nesse período. Em São Paulo, em 1872, dos 12 mil negros da cidade — ainda 1/3 da população —, apenas 3.800 eram escravos. No Rio de Janeiro, dos 125 mil pretos e pardos da cidade, quase a metade da população total, eram 47 mil os escravos[3]. Os libertos exerciam vários ofícios — de sapateiros a barbeiros, cirurgiões, lavadeiras e, as mais comuns, quitanda e cangalha[4]. Além de possibilitar o

2 Cf. Joaquim Norberto Souza e Silva, *Investigações sobre os recenseamentos da população geral do Império e de cada província de per si tentados desde os tempos coloniais até hoje feitas, aviso de 15 de março de 1870*, Rio de Janeiro, Perseverança, 1870.
3 Cf. "Recenseamentos da população do Império do Brasil a que se procedeu no dia 10 de agosto de 1872, Quadros Gerais".
4 "Quitanda" e "cangalha" eram expressões com as quais a comunidade negra se referia, respectivamente, a atividades dos vendedores de rua e carregadores.

acesso à liberdade pelas vias institucionais, a cidade oferecia também uma chance maior de anonimato para os escravos evadidos das fazendas. Por isso mesmo, nessas cidades negras foi se tecendo uma rede de socialização e sobrevivência negra paralela à escravidão que cada vez mais representava uma alternativa concreta à senzala.

Nos limites da senzala estava a demarcação da autonomia desse território negro sob a escravidão — o corpo do escravo era propriedade do senhor. Só a fuga e a libertação eram capazes de romper esse limite, devolvendo ao homem escravo o poder sobre sua própria vida. Daí nasce o quilombo, zona libertada da escravidão.

Embora a maior parte da historiografia dos quilombos refira-se àqueles situados em zonas rurais, havia também — crescentemente à medida que se aproximava o fim do período escravocrata — quilombos urbanos[5]. Esses locais ou eram cômodos e casas coletivas no centro da cidade ou núcleos semi-ru-

5 Palmares, quilombo situado na Serra da Barriga, Alagoas, no século XVIII, tem sido o grande tema das histórias de quilombos. Ver Décio Freitas, *Palmares – a guerra dos escravos*, Rio de Janeiro, Graal, 1978, e Edson Carneiro, *Quilombo dos Palmares*, São Paulo, 1958. Clóvis Moura, em seu estudo *Rebeliões da senzala*, Rio de Janeiro, 1972, faz um apanhando de várias outras histórias de quilombos brasileiros, todos do tipo rural, refúgio oculto nas matas.

rais — as roças das periferias urbanas, bastante semelhantes ao que são hoje as roças de periferia dos terreiros de candomblé nas cidades. Núcleos negros importantes nasceram desse tipo de configuração; é o caso, por exemplo, do bairro do Bexiga, em São Paulo, originário do quilombo do Saracura.

Outros pontos focais do território negro urbano eram os mercados e espaços das irmandades religiosas negras. Nos mercados abasteciam-se os vendedores e as "negras de nação", quituteiras que se espalhavam pelos espaços públicos da cidade; ali também situavam-se os ervanários africanos, fundamentais para as práticas curativas dos pais-de-santo e as obrigações de seus filhos. As irmandades funcionavam como ponto de agregação. Em seus terreiros, nas festas religiosas, os negros dançavam o batuque. Muitas, como a Irmandade de Nossa Senhora do Rosário dos Homens Pretos de São Paulo, chegaram a abrigar libertos e, como a Confraria dos Remédios, envolveram-se diretamente na campanha abolicionista, articulando quilombos rurais às redes de apoio urbanas[6].

6 A história do quilombo do Jabaquara, aldeia-refúgio situada no caminho de Santos, é um exemplo dessa ligação. A ala mais radical ao movimento abolicionista, sem poder decisório no Parlamento, passou a apoiar com dinheiro a retaguarda organizativa, fugas em massa e alforrias de escravos. Jabaquara funcionava como reduto

O impacto da abolição foi, no entanto, diferente para as duas cidades. Desde logo é preciso ressaltar que, para o processo brasileiro como um todo, a abolição representou o deslocamento da população negra como mão-de-obra e a importação não só da ideia do trabalho livre e assalariado, como também de um grande contingente de mão-de-obra europeia. Isso ocorreu de forma mais radical em São Paulo, eixo dinâmico da economia brasileira no momento da abolição.

A crise da escravidão intensificou-se no momento em que a cafeicultura paulista, numa fome voraz por terras e homens, avançava em direção ao oeste da província, em ritmo de ferrovia. A maior fonte possível para a compra de escravos, o tráfico, estava então sendo desmantelada pela mesma máquina que a havia montado séculos antes — o capital inglês. Agora que o lucro não estava mais em fazer mercadorias navegarem pelos mares, era preciso criar mercados locais nos continentes aonde esses mares chegavam. Assim, a pressão inglesa pelo fim do tráfico aumentou até sua extinção final, em meados do século. Quando perceberam a inevitabilidade do processo abolicionista, os

para onde Antônio Bento e seus caifazes encaminhavam os fugitivos. Cf. Alice Aguiar de Barros Fontes, "A prática abolicionista em São Paulo: os caifazes (1882-1888)", Tese de Mestrado, Departamento de História da FFLCHUSP, 1976.

fazendeiros empresários do café paulista começaram a pensar na substituição da mão-de-obra.

A "solução" da questão foi o deslocamento de milhares de europeus, sobretudo italianos, para as terras paulistas. Os primeiros foram subsidiados pelo governo de São Paulo e encaminhados até as fazendas; porém, logo a imigração espontânea superou a subsidiada e São Paulo italianizou-se. A substituição do escravo negro pelo imigrante livre foi acompanhada de um discurso que difundia a solução como alternativa progressista, na medida em que europeus "civilizados e laboriosos" trariam sua cultura para ajudar a desenvolver a nação. A alternativa implicou também a formulação de uma teoria racial: a raça negra estava condenada pela bestialidade da escravidão e a vinda de imigrantes europeus traria elementos étnicos superiores que, através da miscigenação, poderiam branquear o país, numa espécie de transfusão de puro e oxigenado sangue de uma raça livre.

Em São Paulo, essa formulação implicou uma intensa reorganização territorial, já que a partir do último quartel do século XIX, a cidade, que até então era um centro comercial modesto, tornou-se o centro da expansão cafeeira.

Antes de mais nada, a cidade veria sua população aumentar rapidamente em poucas décadas, fruto, sobretudo, da entrada de imigrantes. Em 1886, dois anos antes da promulgação da Lei Áurea, que abolia oficialmente a escravidão no país, os estrangeiros já começavam a chegar em massa. São Paulo era, então, uma cidade de quase 50 mil habitantes, 25% dos quais estrangeiros. A população negra da cidade, constituída basicamente por libertos (eram apenas 500 os escravos), a partir daí começaria a sofrer um decréscimo tanto relativo quanto absoluto. Se em 1872 havia em torno de 12 mil negros na cidade, em 1893 eles são menos de 11 mil, para uma população de quase 65 mil habitantes (16,92% da população).[7]

O Rio de Janeiro também embranqueceu após a abolição, embora em menor grau. Se, em 1872, pretos e pardos eram quase a metade da população da cidade, em torno de 250 mil habitantes, em 1887 os 195 mil pretos e pardos representavam 37% da população total[8]. No entanto, essa região continuou sendo a área de maior concentração de negros do Sudeste. Pode ter

7 As fontes de dados sao as seguintes: 1886 – Relatório apresentado ao Exm.º Sr. Presidente da Província pela Comissão Central de Estatística, São Paulo, Leroy Book-Walter, 1888; "1893 – Relatório apresentado ao cidadão Dr. Cesário Motta Júnior, Secretário dos Negócios do Interior do Estado de São Paulo, pelo Diretor da Repartição de Estatística e Arquivo, Dr. Antonio Toledo Piza, em 31 de julho de 1894".
8 Segundo L.A. Costa Pinto, *O negro no Rio de Janeiro*, São Paulo, Companhia Editora Nacional, 1953, p. 49.

contribuído para isso não só a menor entrada de imigrantes, como também a intensa migração de libertos da zona rural para a urbana, em função da decadência da cafeicultura na província fluminense naquele período.

De forma mais ou menos intensa, as duas cidades viveram, na virada do século, uma transformação profunda que repercutiu, em um primeiro momento, no crescimento populacional e no aumento da densidade demográfica, mas que significou, também, um embranquecimento e uma intensa redefinição territorial. Essa reestruturação vinha adaptar a cidade senhorial-escravista aos padrões da cidade capitalista, onde terra é mercadoria e o poder é medido por acumulação de riqueza. A face urbana desse processo é uma espécie de projeto de "limpeza" da cidade, baseado na construção de um modelo urbanístico e de sua imposição através da intervenção de um poder municipal recém-criado. Um dos principais alvos de intervenção foram, nas duas cidades, justamente os territórios negros. A violência dessa transformação foi maior no Rio de Janeiro, não só porque a cidade era maior e mais importante, mas sobretudo porque, na virada do século, era ainda uma cidade muito negra. Em São Paulo, desde logo se configurou um padrão de segregação urbana marcado por uma espécie de zoneamento social: os ricos abandonaram a contiguidade dos sobrados do Centro da cidade para desenhar um espaço de privacidade e exclusividade burguesas. Assim, novos loteamentos foram surgindo em áreas de antigas chácaras, abrigando palacetes neoclássicos circundados por muros e jardins.

Por essa época, a população negra da cidade concentrava-se nos cortiços e porões do velho Centro de São Paulo, recém-abandonado pelos ricos, ao mesmo tempo em que novos núcleos iam surgindo literalmente aos pés das novas zonas ricas da cidade (Campos Elíseos, Higienópolis). Isso, evidentemente, está ligado ao fato de que uma das poucas fontes de emprego para os pretos e pardos da cidade era, naquele período, o serviço doméstico, uma vez que o imigrante realmente lhes havia substituído nas ocupações mecânicas antes realizadas por libertos. Em 1893 os imigrantes já constituíam 80% do pessoal ocupado nas atividades manufatureiras e artesanais, que cresciam com a expansão industrial da cidade[9]. Assim, os novos bairros proletários que surgiram na cidade nesse período eram, em sua maioria, habitados por imigrantes estrangeiros, com exceção do Bexiga e Barra Funda,

9 Cf. "Relatório apresentado ao cidadão Dr. Cesário Motta Júnior...," op. dt.

que por razões peculiares abrigavam núcleos negros também: o Bexiga, em função do núcleo preexistente do Saracura e, posteriormente, devido à proximidade da Avenida Paulista e arredores, novo território burguês da cidade; a Barra Funda, em função da existência de um armazém da Estrada de Ferro — o Paulo Chaves — fonte de trabalho ocasional dos capoeiras ou valentões, que alternavam o serviço na Estrada de Ferro com o carregamento de café no Porto de Santos, quando não havia trabalho na capital. No início do século, Lavapés e Barra Funda eram as regiões mais negras da cidade. Em suas habitações coletivas moravam as tias negras e seus clãs, que praticavam o jongo, macumba ou samba de roda como extensões da própria vida familiar; pouco a pouco esses batuques familiares foram se transformando em cordões de carnaval.

Os dados de 1890 já revelam o perfil branco dos bairros proletários. Um novo distrito, o Brás, um dos primeiros bairros operários da cidade, abrigava então 25% da população e tinha uma porcentagem de pretos e pardos (13%) sensivelmente menor do que a média da cidade[10].

10 Recenseamento Geral da República dos Estados Unidos do Brasil, realizado em 1890 (31 de dezembro), IBGE/RJ (os distritos paulistanos recenseados são: Sé, Santa Efigênia, Consolação, Bráz, Freguesia do Ó e Penha).

Na São Paulo de 1890 aparecem, portanto, territórios negros específicos. Qualquer um desses quilombos urbanos paulistanos da Primeira República tinha a fama de ser lugar de desclassificados. Sua marginalidade era identificada com a não-proletarização de sua população, o que é imediatamente associado à ideia de desorganização, uma vez que a ocasionalidade da distribuição dos tempos de trabalho e lazer contrasta com a disciplina e regularidade do trabalho assalariado.

A imagem de marginalidade é também identificada como própria da habitação coletiva: a intensidade de uma vida em grupo não-familiar e a densidade dos contatos no dia-a-dia do cortiço contrastam com a organização da casa burguesa (familiar, isolada, internamente dividida em cômodos com funções e habitantes segregados). Finalmente, a marginalidade é associada a um conjunto de gestos, um jeito de corpo. Se, para a comunidade negra, a linguagem do corpo é elemento de ligação e sustentação do código coletivo que institui a comunidade, para a classe dominante branca e cristã, a frequência com que se dança, umbiga, requebra e abraça publicamente desafia os padrões morais. A presença dos terreiros e práticas religiosas africanas completa o estigma: candomblé é marginal porque é "crendice", é "religião primitiva", que afronta a religião oficial.

Na cidade que se quer civilizada, europeizada, o quilombo é uma presença africana que não pode ser tolerada. Isso se manifesta desde a formulação de um código de posturas municipal em 1886, visando proibir essas práticas presentes nos territórios negros da cidade: as quituteiras devem sair porque "atrapalham o trânsito"; os mercados devem ser transferidos porque "afrontam a cultura e conspurcam a cidade"; os pais-de-santo não podem mais trabalhar porque são "embusteiros que fingem inspiração por algum ente sobrenatural"[11].

Finalmente, a população negra que ocupava o chamado "Centro Velho" de São Paulo acabou por ser desalojada pelos chamados "trabalhos de melhoramentos da capital", grandes operações de renovação urbana que se iniciam durante a administração de Antônio Prado (1899- 1911): alargamento de ruas, transferência e demolição de mercados, construção de praças e boulevards. O que aí se esvoaçava era o desenho de um Centro burguês de ruas largas e fachadas uniformemente neoclássicas, que seria território exclusivo das classes dirigentes: seu espaço de trabalho, diversões, comemorações cívicas e religiosas.

11 Código de Posturas do Município de São Paulo, 6.10.1886. Arquivo Histórico Washington Luís.

As reformas foram, em sua maior parte, realizadas durante o governo Raymundo Duprat (1910-1914). A operação limpeza foi implacável: para a construção da Praça da Sé e remodelação do Largo Municipal, os cortiços, hotéis e pensões das imediações foram demolidos[12]. Está ligado a esse processo de "limpeza" do Centro a expansão e consolidação do Bexiga como território negro em São Paulo.

Em matéria de reforma urbana e operação limpeza, o caso do Rio de Janeiro foi mais drástico e violento. A virada do século ficou conhecida na cidade como a "era do bota-abaixo". De 1904, quando as obras de remodelação dirigidas pelo engenheiro Pereira Passos tiveram início, até a inauguração triunfal da Avenida Central por Rodrigues Alves, uma transformação profunda do espaço central e da área portuária aconteceu. A reforma atingiu em cheio os mais importantes quilombos do Rio de Janeiro — a região portuária da Saúde e Gamboa e os cortiços e habitações coletivas da Cidade Nova (Sacramento, Santa Rita, Santana e Santo Antônio). A Gamboa, ou mais especificamente o Morro do Pinto, era a área dos capoeiras, que ocasionalmente trabalhavam como carregadores do por-

12 Até a Irmandade Nossa Senhora do Rosário, situada no antigo Largo do Rosário, foi desapropriada e demolida para dar lugar à Praça Antônio Prado.

to. Assim como em São Paulo, as oportunidades de trabalho para os não-brancos estreitaram-se com a abolição e a imigração.

Os dados de 1980 mostram que mais da metade dos 89 mil estrangeiros economicamente ativos que estavam na cidade naquele momento trabalhavam no comércio, manufatura e atividades artísticas. Enquanto isso, 48% dos não-brancos economicamente ativos empregavam-se no serviço doméstico, 17% na indústria e 16% não tinham profissão alguma[13]. Grande parte dessa população preta e parda habitava os velhos casarões do Centro, aqui também recém-abandonados como moradia da classe dominante, que começara sua peregrinação em direção à privacidade e exclusividade da Zona Sul. Além de local predominante de moradia, era o Centro fonte de sobrevivência para ambulantes, quituteiras, pedintes, prostitutas, vendedoras etc. Era no Campo de Santana (hoje Praça da República) e nos pátios e avenidas dos cortiços, que se transformavam em terreiros de samba, jongo ou macumba, que o território negro do Rio de Janeiro se estruturava na virada do século.

Sob a égide da luta contra a propagação da febre amarela e da necessidade de regeneração do Rio fren-

13 Recenseamento Geral da República dos Estados Unidos do Brasil, realizado em 1890 (31 de dezembro).

te aos olhos estrangeiros — para que a cidade pudesse realmente assumir a imagem de bela, próspera e civilizada capital do país do futuro —, o espaço urbano central foi completamente remodelado, embelezado, ajardinado e europeizado, desenhado para uso e convívio exclusivo das "pessoas de bem".

As obras, além de provocarem uma das maiores crises de habitação que a cidade viveu, acabaram por detonar uma espécie de guerra civil. Durante quatro dias (12 a 16 de novembro de 1904) alastrou-se a insurreição pelos espaços plebeus da cidade: bondes foram virados e utilizados como trincheiras, combustores de iluminação foram quebrados, o comércio foi depredado e saqueado, os insurretos enfrentaram os policiais. O Exército acabou intervindo e "Porto Arthur", zona comandada por Prata Preta, um capoeira do bairro da Saúde, foi o último bastão dos revoltosos a cair.

A grande expulsão do Centro resultou na ocupação dos morros, produzindo as favelas, e em uma expansão para os subúrbios, seguindo os caminhos das linhas de trem. É nesse momento que o território negro carioca desloca-se do Campo de Santana para a zona imediatamente contígua, a Praça Onze. É aí, na casa de uma das tias afro-brasileiras (Tia Ciata), que nasceu a primeira escola de samba carioca. É para aí que afluíam os "arengueiros", herdeiros dos capoeiras da virada do século. Eram os "perigosos" do Morro da Mangueira (então Morro do Telégrafo), um dos primeiros locais de samba de terreiro da cidade. Salgueiro, Andaraí, Tijuca e Serrinha são morros que começaram a ser ocupados de forma mais intensa naquele momento. O *compound*[14] semi-rural que caracterizava o território negro nos subúrbios e morros que circundavam a cidade, no final do século, vai dar lugar, então, à habitação densa do morro, que será, a partir daí, o território mais caracterizadamente negro da cidade do Rio de Janeiro.

Se no Rio de Janeiro a luta pela apropriação do solo urbano acabou por consolidar as favelas como os espaços mais caracterizadamente negros da cidade é porque para ali afluiu uma mistura peculiar de histórias, um caminho singular que passou pela África, pela experiência da senzala e pelo deslocamento e marginalização operados pela abolição e a República. Da mesma forma, embora a população negra

---

14 O *compound* (como é denominado nos países africanos de língua inglesa), ou *collectivité* (nos de língua francesa), compõe-se de uma série de cômodos contíguos que dão para um pátio ou quintal comum. É geralmente habitado por uma família extensa. Cf. Basil Davidson, The lost cites of África, Boston, Little Brown, 1978. O mesmo tipo de configuração é apontado por Sidney W. Mintz "Houses and Yards Among Caribbean Peasantries", in S. Mintz, Caribbean Transformation, Londres, The John Hopkins University Press, 1984.

de São Paulo fosse menor do que a do Rio na década de 1920, na Barra Funda, Bexiga, Liberdade, além de certos pontos da Sé, não só moravam negros como se configuraram territórios negros importantes, com suas escolas de samba, terreiros, times de futebol e salões de baile. Ainda nas primeiras décadas do século, nas duas cidades organizaram-se também sociedades negras, com atividades culturais e recreativas que envolviam a publicação de jornais, a produção literomusical e teatral, passeios, piqueniques e bailes de fim de semana em salões alugados. Em São Paulo, no Rio, os chamados "Salões de Raça", situados no Centro da cidade, eram a opção de lazer da "elite negra" (funcionários públicos, comerciários, contadores e técnicos).

Os locais apontados até aqui como territórios negros jamais foram exclusivamente negros: desde os tempos da escravidão misturavam os pobres da cidade. O Bexiga, por exemplo, tem sido negro e italiano; o velho centro do Rio, negro e português, e assim por diante. No entanto, isso não quer dizer que historicamente não tenham existido, nessas cidades, comunidades afro-brasilciras fortemente estruturadas e circunscritas a territórios particulares.

Infelizmente não dispomos de dados discriminados por cor para 1906, 1920 e 1930: os recenseamentos do Distrito Federal de 1906 e Geral de 1920, refletindo a ideologia oficial racista do período, que queria de todo modo ver a população como branca, não discriminam os habitantes pela cor; em 1930 simplesmente não houve recenseamento.

A partir da leitura da imprensa negra nesse período e de entrevistas com membros ativos da comunidade é possível, no entanto, delinear algumas novas tendências na década de 1930, pelo menos para o caso de São Paulo. Em primeiro lugar, observamos um movimento geral de periferização das classes populares: o antigo padrão do cômodo de aluguel superdenso e da cidade limitada ao percurso do bonde foi gradativamente cedendo lugar à chamada expansão periférica, caracterizada pela abertura de loteamento e a autoconstrução em bairros distantes da área equipada da cidade e pelo transporte por ônibus. Por outro lado, todo um discurso de revalorização da mão-de-obra nacional, que passava pela xenofobia ao estrangeiro sindicalista e anarquista e já apelava para a propalada índole pacífica do povo brasileiro, começava a disseminar-se nos círculos oficiais, preparando terreno para o grande movimento de migração interna que se instauraria a partir de 1940. Assim, aparece e ganha corpo o tema da "integração" do negro, dentro e fora da própria comunidade. Para os membros da comunidade, a desmarginalização colocava-se claramente em termos territoriais — era preciso sair dos cômodos e porões para organizar um novo território negro, familiar. Essa foi uma das palavras de ordem da Frente Negra Brasileira, agremiação política fundada em 1931 que pregava a necessidade de instrução e organização da vida familiar nuclear na comunidade para que os negros pudessem atingir a igualdade com o branco. Uma das ações concretas dos membros da Frente em São Paulo foi comprar terrenos em loteamentos recém-abertos nas periferias da cidade e fundar núcleos negros formados por casas próprias. Casa Verde, Vila Formosa, Parque Peruche, Cruz das Almas e Bosque da Saúde são exemplos dessa nova forma de territorialização: em bairros inicialmente sem qualquer infra-estrutura e distantes do Centro, famílias negras começaram a edificar casas próprias em lotes comprados.

É interessante apontar que novas e importantes instituições negras nasceram nesses bairros, definindo-os como futuros eixos de expansão e funcionando como uma espécie de base para a configuração dos atuais vetores territoriais negros da cidade de São Paulo.

Os dados censitários de 1940 e sua comparação com dados posteriores revelam o início da reversão da tendência ao embranquecimento das cidades. Se as primeiras décadas do século foram um momento de decréscimo relativo da proporção de negros nas cidades, a década de 1940 parece ter marcado um ponto de inflexão. Para o município de São Paulo, dos quase 1,3 milhão de habitantes, são apenas 108 mil ou 8,45% os pretos e pardos[15]. Em 1950, os 224.906 pretos e pardos representavam 10,3% da população[16]. Para o Rio de Janeiro o mesmo fenômeno se verifica: a participação do negro na composição populacional da cidade atinge seu ponto mais baixo em 1940 (28,62% de uma população total de 1.764.142 habitantes), para subir novamente em 1950, quando beira os 30%[17]. Sem dúvida, as migrações internas que levaram às duas grandes cidades mineiros e nordestinos contribuíram para elevar novamente o número e a participação de não-brancos na população. Se observamos a composição da população em alguns dos mais importantes estados de origem dos migrantes, temos Pernambuco com 50,14%, Bahia com 70,19% e Minas Gerais com 41,36% de sua população composta por pretos e pardos, o que apóia a hipótese de uma migração predo-

15 Recenseamento Geral do Brasil, 1940. População de fato, por sexo e cor, segundo os municípios do IBGE/RJ.
16 Recenseamento Geral do Brasil, 1950. População de fato, por sexo e cor, segundo os municípios do IBGE/RJ.
17 Idem notas 15 e 16. 1940 – Distrito Federal; 1950 - População presente por sexo e cor, segundo os distritos e circunscrições do Distrito Federal.

minantemente não-branca para as grandes cidades a partir da década de 1940.[18]

Com os dados de que dispomos é difícil avaliar o impacto territorial dessa onda negra. Para o município de São Paulo, o censo de 1940 só apresenta os totais gerais, sem discriminar os dados pelos distritos, o que só pode ser obtido através de tabulações especiais, o mesmo ocorrendo para 1950. Nas tabulações gerais para 1960, os dados não são apresentados discriminados por cor ou por município, aparecendo apenas os totais gerais do estado. Em 1970 a variável cor não entrou no censo, o que significa que só poderemos trabalhar um pouco mais detidamente com as informações de 1980.

Para o Rio de Janeiro, por ter sido Distrito Federal e posteriormente estado da Guanabara, podemos contar com dados em bases menores para 1950 e 1960. A distribuição da população por distrito e circunscrições censitárias por cor e sexo, no Censo de 1950, apresenta algumas características marcantes. Em primeiro lugar, a periferia da cidade, mais do que o Centro e a Zona Sul, é a que apresenta a maior participação de pretos e pardos — em Campo Grande e Guara-

18 Cf. Florestan Fernandes, *O negro no mundo dos brancos*, São Paulo, Difel, 1972, p. 77-9.

tiba estão nesta categoria quase 40% dos habitantes; Anchieta, Realengo e Jacarepaguá aparecem, todos, com mais de 34% de não-brancos na população (enquanto a porcentagem para a cidade como um todo é de 19,79%). Em segundo lugar, há uma aparente homogeneidade no resto da cidade, que oscila entre 20% (Santa Teresa e G1ória) e 30% (Lagoa, Gávea, Engenho Novo, Andaraí) de população não-branca.

No entanto, em alguns desses locais há uma grande desproporção entre o número de homens e mulheres no interior da população negra. Em bairros como Copacabana, são mulheres 70% dos não-brancos, o que provavelmente indica enorme contingente de empregadas, faxineiras, copeiras e arrumadeiras negras, necessário para a sobrevivência desse bairro eminentemente branco da Zona Sul carioca em 1950. Finalmente, há a especificidade das favelas cariocas, que, como já apontamos, concentram parte do território negro na cidade. Assim, uma proporção de 30,21% de pretos e pardos para as circunscrições de Gávea e Lagoa não significa necessariamente mistura racial nesses bairros, uma vez que ali se encontravam, já na década de 1950, por exemplo, as favelas da Catacumba e Rocinha. Na verdade, são territórios bem demarcados e em oposição, o que sem dúvida é agravado pela proximidade e vizinhança. O dilema desse tipo de configuração é histórico na trajetória das cidades brasileiras: o bairro segregado e exclusivo burguês produz um território marginal contíguo, depende de sua expansão para ter garantida sua manutenção, mas acaba por se envolver num conflito territorial inevitável e violento.

A resposta a essa situação foram, no caso do Rio de Janeiro, os programas de remoção de favelas, que atuaram com intensidade na década de 1960, embora desde 1947 uma chamada "Comissão para Erradicação de Favelas" já existisse. Foram as condições de centralização de poder e recursos e o autoritarismo do período pós-1964 que possibilitaram a consecução dessa política, já enunciada anteriormente. Em 1968 foi criada a Coordenação de Habitação de Interesse Social da Área Metropolitana do Grande Rio — CHISAM, órgão que, em 1973, já havia removido 62 favelas e transferido um total de 175.785 pessoas para conjuntos habitacionais populares — as refavelas ou "senzalões", como são popularmente conhecidos esses espaços no Rio de Janeiro e em São Paulo[19].

Vale a pena apontar para a diferença espacial radical entre a favela e o grande conjunto habitacional, além da localização. Exatamente no projeto de homogeneidade, simetria e repetição do espaço dos

19 CHISAM – Rio de Janeiro, Ministério do Interior, 1971, p. 78-103.

conjuntos está a idéia do esquadrinhamento possível da população, que se opõe frontalmente à imagem de caos associada à favela. Esse ponto é importante na medida em que, em termos de melhoria das condições de saneamento, acesso, infra-estrutura e equipamentos em geral, existe a opção de urbanização como alternativa à remoção. Além, evidentemente, das pressões imobiliárias pela remoção de uma ocupação pouco rentável na terra lucrativa, pesa consideravelmente o fato de se tratar de um território singular, espaço sobre o qual não se tem controle.

O objetivo deste artigo não é exatamente discutir os limites dos programas de remoção de favelas, fato é que eles não conseguiram varrê-las da paisagem do Rio — alguns núcleos grandes e importantes persistem até hoje, mesmo na Zona Sul (como a Rocinha e o Morro de Santa Marta). Mas, de qualquer forma, um processo de branqueamento da Zona Sul é visível se analisarmos os dados de 1980.

Em primeiro lugar, confirma-se a tendência à mulatização crescente da cidade como um todo. Se, em 1960, pretos e pardos representavam 30% da população da cidade, em 1980 a proporção eleva-se para 34,78%[20]. No entanto, sua distribuição pelos bairros

20 População residente por cor e sexo, segundo mesorregiões, microrregiões e municípios. Recenseamento Geral 1980 - IBGE/RJ.

do Rio de Janeiro é bem desigual. A predominância de brancos é bem marcada na Zona Sul (Copacabana, com 13,41% de pretos e pardos; Botafogo, com 16,35%; e a Lagoa com 22,43%) e no filet-mignon da Zona Norte (Tijuca, com 18,73%, e Vila Isabel, com 18,96%), regiões que sofreram um processo claro de "gentrificação". Enquanto há regiões com mais de 80% de brancos, há outras com menos de 50%. É o caso, por exemplo, do distrito de Santa Cruz, com 52,6% de pretos e pardos. Os subúrbios de Campo Grande, Jacarepaguá, Bangu, Anchieta e Penha, que já apareciam, em 1950, como regiões concentradoras de não-brancos, em 1980 têm todas mais de 40% de sua população composta por pretos e pardos.

Se esses podem ser considerados indicadores de segregação, é legítimo concluir que o escurecimento da cidade foi acompanhado por demarcações territoriais mais claras. Como, no Brasil, a questão racial "não existe", os conflitos aparecem mais como tensões territoriais do que como tensões raciais. Se hoje a população preta e parda está cada vez mais longe da vista e do alcance da Cidade Maravilhosa, nas áreas onde há proximidade (e não mistura!) a conjuntura atual é de guerra civil. Os episódios violentos que envolveram nos últimos anos os moradores de algumas favelas (sobretudo Rocinha e Santa Marta), o tráfico de drogas e a polícia apontam claramente para a existência de um território autônomo que perversamente encontrou na riqueza e poder gerados pelo tráfico de drogas que abastece a Zona Sul o caminho de sua autonomia. A perversidade não está na ilegalidade, senão no fato de que essa atividade é umbilicalmente ligada e indissociável do modo de vida e modelo de cidade que se opõe à favela. Está, portanto, na armadilha que transforma um devir autônomo, um quilombo, em zona escrava[21]. De qualquer forma, a violência das incursões policiais nesses locais tem contribuído para reforçar a demarcação desse território como zona inimiga e, conseqüentemente, para estigmatizá-lo ainda mais.

Para o caso de São Paulo, é impressionante constatar, com base nos dados censitários de 1980, o quanto os territórios já configurados converteram-se em direções ou vetores de expansão. De uma maneira geral, em São Paulo, como no Rio de Janeiro, observa-se um aumento da proporção de pretos e pardos — de 10,23% da população, em 1950, para 23,3% em 1980.

21 A historiografia urbana norte-americana contemporânea tem desenvolvido raciocínio semelhante para interpretar a emergência da máfia e suas relações com a comunidade italiana. Cf. Humbert S. Nelli, "The Italians and organized crime", in B. Callow, Jr., ed., *American urban history*, Oxford, Oxford University Press, 1973.

Em segundo lugar, constata-se também o fenômeno da periferização da comunidade: a totalidade dos bairros centrais e o anel intermediário abrigam uma porcentagem de pretos e pardos abaixo da média da cidade — em alguns casos com taxas inferiores a 11% (Bela Vista, Cerqueira César, Jardins, Pinheiros). Poder-se-ia, então, argumentar que isso revela, mais do que segregação racial, um zoneamento social. No entanto, pretos e pardos tampouco estão uniformemente distribuídos nas zonas mais periféricas. Em primeiro lugar, há uma gritante concentração na região noroeste da cidade, a partir do Rio Tietê, que vai ficando cada vez maior à medida que nos afastamos do Centro. Assim, de Casa Verde (com 22,14%) se passa por Limão (com 26,14%), Nossa Senhora do Ó (com 26,67%), Pirituba (com 26,6%) e Vila Nova Cachoeirinha (com 27%) para chegar a Brasilândia — também conhecida como "África paulistana" —, com 49% de pretos e pardos.

Outra concentração está na região sudeste: em Jabaquara (30%) e no município de Diadema (que faz parte da Região Metropolitana e possui 40% de sua população preta e parda). Um terceiro núcleo, no extremo sul, é composto por Capela do Socorro (com 36,4%) e o município de Embu (com 42%). Finalmente, na Zona Leste, a única região que apresenta uma concentração acima da média do município e da Grande São Paulo (que é de 26%) é Vila Matilde, com 27% de não-brancos na população. É importante lembrar que esses núcleos existem como territórios negros pelo menos desde a década de 30 e que neles se encontra hoje implantada uma rede complexa e variada de instituições negras. De acordo com o Cadastro de Entidades, organizado pelo Festival Comunitário Negro Zumbi (Feconezu), realizado em São Paulo em 1984, só no município de São Paulo existiam mais de 150 entidades, entre centros de cultura, grêmios recreativos e esportivos e escolas de samba. Um estudo da localização dessas entidades na cidade confirma completamente os dados censitários. Com exceção do Centro e do Bexiga (que aparece no censo como Bela Vista), os demais endereços referem-se a Casa Verde, Limão, Peruche, Tucuruvi, Vila Matilde, Vila Prudente e proximidades, Ipiranga, Jabaquara, Vila Guarani, Diadema ou Socorro e Embu.

A lista seria ainda mais completa e eloquente se incluíssemos os terreiros religiosos, salões de baile funk, bares e quintais de pagode, relação que não possuímos no momento[22].

22 Por exemplo, três dos maiores bailes funk da cidade, que congregavam semanalmente alguns milhares de negros e mulatos (Chic Show, Toko e Black Mad), eram situados, respectivamente, na Ponte do Limão, na Vila Matilde e em Pirituba.

O mergulho no passado das duas cidades neste breve percurso ensaístico fornecemos alguns elementos para refletir acerca do papel e do destino da comunidade negra na cidade e revelam-nos como os espaços que couberam aos negros ao longo da história da cidade foram investidos por um devir negro que estruturou e sustentou a comunidade mesmo nas situações mais extremas de confinamento, humilhação, segregação e miséria.

Quando nos referimos aqui — e insistimos — à existência de uma comunidade afrobrasileira, não o fizemos a partir de uma visão que opõe tal noção àquela de sociedade moderna ou como referência a qualquer tipo de arcaísmo que perduraria insistentemente, apesar da industrialização e metropolização. Muito menos apelamos para uma visão romântica, idílica, de comunidade, como uma forma de organização social unitária e boa por natureza. Estamos falando, sim, de um grupo diferenciado e singular, de especificidades culturais e de um repertório comum que vai se forjando e transformando através da história e que, também, assim como toda a sociedade, é dividido, campo de tensões e conflitos os mais diversos.

Usamos para isso a noção de território urbano, uma geografia feita de linhas divisórias e demarcações que não só contém a vida social mas nela intervém, como uma espécie de notação das relações que se estabeleceram entre os indivíduos que ocupam tal espaço. A história da comunidade negra é marcada pela estigmatização de seus territórios na cidade: se, no mundo escravocrata, devir negro era sinônimo de subumanidade e barbárie, na República do trabalho livre, negro virou marca de marginalidade. O estigma foi formulado a partir de um discurso etnocêntrico e de uma prática repressiva; do olhar vigilante do senhor na senzala ao pânico do sanitarista em visita ao cortiço; do registro esquadrinhador do planejador urbano à violência das viaturas policiais nas vilas e favelas.

Para a cidade, território marginal é território perigoso, porque é daí, desse espaço definido por quem lá mora como desorganizado, promíscuo e imoral, que pode nascer uma força disruptora sem limite. Assim se institui uma espécie de apartheid velado que, se, por um lado, confina a comunidade à posição estigmatizada de marginal, por outro, nem reconhece a existência de seu território, espaço-quilombo singular.

À guisa de pósfácio – revisitando os territórios negros em São Paulo e Rio de Janeiro no ano 2000

Ao republicar este estudo mais de quinze anos depois, não poderíamos deixar de nos aventurar em breve comentário sobre o tema, fruto de observação preocupada e de atuação militante em políticas urbanas e habitacionais no país, mas não de pesquisa ou qualquer investigação sistemática, que infelizmente não tivemos oportunidade de fazer. Em primeiro lugar, vale saudar a crescente visibilidade que o tema da etnicidade ganhou nos últimos anos, especialmente no campo das políticas públicas. Além do debate — mais do que urgente e oportuno das políticas de reparação — o importante movimento quilombola conseguiu trazer à tona a existência de mais de 2000 quilombos em todo o país, em áreas urbanas e rurais, lutando pelo reconhecimento e regularização de seus territórios.

Por outro lado, um rápido exame nos dados do Censo de 2000 para as cidades do Rio de Janeiro e São Paulo, na comparação com as informações de 1980 analisadas pelo artigo, revela um quadro ainda mais agudo da apartação étnico-social. Na duas cidades o processo de mulatização detectado entre 1950 e 1980 continua: São Paulo conta em 2000 com 30% de pretos e pardos em sua população e Rio de Janeiro com 41%, proporções que 20 anos antes eram respectivamente 23% e 34%. Porém estas médias estão longe de representar qualquer homogeneidade; em São Paulo a participação de pretos e pardos nos distritos variam de menos de 5%(Moema ou Jardim Paulista) para quase 52% (Lajeado ou Jardim Ângela). No Rio de Janeiro esta variação é de 13,5% (Lagoa) para 62% (Cidade de Deus).

No caso de São Paulo, a periferização da população preta e parda nas duas últimas décadas é evidente: todos os distritos com maiores percentuais deste grupo localizam-se na extrema periferia: Leste (Lajeado, Cidade Tiradentes 49,8%; Itaim Paulista 48,5%;Jardim Helena 48,1%; Guaianazes 47,3%), Sul (Jardim Ângela, Grajaú 48.7%;Parelheiros 48,4%, Capão Redondo 45,5%), ou Norte (Brasilândia ; Perus e Anhanguera — em torno de 39,5%). Justamente nestes novos territórios negros situados nas zonas de expansão periférica da cidade emergiram movimentos culturais como o hip-hop , expressão contemporânea da singularidade de um devir negro que atravessa o tempo e espaço.

No caso de Rio de Janeiro a guerra civil que opõe favela a asfalto, anunciada no final dos anos 1980, cada vez mais dilacera a cidade. Diante dela, por incrível que pareça, voltam as vozes temerosas da Zona

Sul (Lagoa 13,5%; Copacabana 14,8%, Botafogo 15,4% de pretos e pardos) a clamar por remoção das favelas (Complexo do Alemão 56,10%; Rocinha 45,10% de pretos e pardos). Como se o exemplo de Cidade de Deus — fruto da política de remoção de favelas da Zona Sul nos anos 1960, território mais negro do Rio de Janeiro (62,24% de pretos e pardos) já não tivesse mais do que provado o enorme equívoco e crueldade das políticas de remoção.

Estes breves comentários da situação atual mostram a continuação de um modelo de urbanização excludente, do qual pretos e pardos são ainda o grupo populacional mais preterido. Políticas sociais e culturais reparadoras e includentes são urgentes e necessárias — entretanto não é mais possível deixar intacto e incólume um modelo de crescimento e expansão urbana que não consegue sair do paradigma do gueto /senzala.

CADERNOS ULTRAMARES

www.ingramcontent.com/pod-product-compliance
Lightning Source LLC
LaVergne TN
LVHW051105180726
843512LV00020B/1614